JN439048

# 멀어지는 풍경

최수경 다섯 번째 시집

저녁나절 어슴푸레한 틈새로
아련한 추억의 그림자들
어제는 보이지 않던 오늘이 있듯이
아직도 머문 세월에 그려 있는
아득한 약속을 다독거린다

최수경 다섯 번째 시집

# 멀어지는 풍경

초판인쇄 2018년 2월 26일
초판발행 2018년 3월 7일

지은이_ 최수경
발행인_ 이현자
발행처_ 도서출판 현자

등　록_ 제 2-1884호 (1994.12.26)
주　소_ 서울시 중구 수표로 50-1(을지로3가, 4층)
전　화_ (02) 2278-4239
팩　스_ (02) 2278-4286
E-mail_001hyunja@hanmail.net

값 10,000원



ISBN 978-89-94820-34-7　03810

이 도서의 국립중앙도서관 출판예정도서목록(CIP)은 서지정보유통지원시스템 홈페이지(http://seoji.nl.go.kr)와 국가자료공동목록시스템(http://www.nl.go.kr/kolisnet)에서 이용하실 수 있습니다. (CIP제어번호 : CIP2018006285)

# 멀어지는 풍경

최수경 다섯 번째 시집

도서출판 현자

序文

## 다섯 번째 시집을 엮으며

네 번째 시집 《잔디 깎는 남자》에 이어
다섯 번째 시집 《멀어지는 풍경》을 엮게 되었습니다

시 쓰기에서 게으름을 벗어나게 한 건
동두천시청 홈페이지 '정보 칼럼방'
때문이란 걸 고백합니다

삶을 글로 환치하며 써내려 가는 가운데
계기와 자극은 꾸준하게 달려와
나를 깨어나게 했습니다

살면서 얽힌 이야기가 풀려가며
사소한 경험도 특별한 추억이 된 송이송이는
여전히 부끄럽지만 나의 존재일 수밖에 없습니다

이 송이들을 소중히 거두어
또 한 권의 시집에 담아 상재합니다

최수경

# 차례



## 1부 풀잎의 밤

## 2부 멀어지는 풍경

## 3부 벚나무 아래서

## 4부 5월의 가출

# 1부

# 풀잎의 밤

# 풀잎의 밤

허름한 골목길 담벼락에 기대어
너는 야무지게 살았구나

때로 잠잘 때만큼은
산소 그윽한 숲속에서
잠들고 싶다는 하소연도 했겠지

번갈아 불러주는
풀벌레의 자장가를 들으며
포근하게 잠들다가
가랑잎에 포개져
설령 바스러진다 해도
어찌 보리바람의 숨결을 잊겠는가

풀잎의 밤은
달빛이고 별빛이라서
그렇게 새벽이슬을 머금고
일어서야 하는 하루가
온통 초록인데

사람들의 무덤덤한 발끝에
힘없이 눕는다 해도
다시 꿈을 펴는 풀잎

# 가을 풀밭

풀밭은 그냥 풀밭이다
가지런한 잔디와 달리
생각도 제각각 자유롭다

소리 없는 울음과 웃음으로
늘 바람과 뜨겁다

초식동물의 눈망울을 닮은
원초적 빛깔을 풀씨로 맺고

간혹 네 잎 클로버와 섞였던
그날도 잊지 못하면서

꿈이 빠져나간 갈색으로
계절 하나를 지워가는 중이다

# 허수아비의 추억

나락을 거두고 나니
소슬바람을 안고
휘청거려야 하는가

이젠 무직이 되어
노숙자의 체온으로는
거친 바람을 막지 못하고

극성스럽게 날아오던
그 많은 새떼는 어디로 갔는지
빈 들판에서 고개를 떨군 채
남루를 펄럭이며 휘청이지만

그런 허한 모습이 누군가에게
아름다운 그림으로 남겨진다면
수북한 낙엽 속에 묻혀
차디찬 사랑을 품고 잠이 들겠지

# 탱자나무

5월의 탱자나무를 아시나요
새순이 짙어갈 때 바람과 햇살에
맑고 고운 피부가 되는 것을

가시가 돋아있어 울타리가 된
아주 오래된 탱자나무 사이에
빼곡한 사연을 심었다네요

밤새도록 쓴 편지를 들고
탱자나무 울타리를 돌고 돌다가
낭만이 지워진 가슴으로
아직도 이별하지 못하고 울타리를
기웃거리는 그런 사람이 있었대요

마당 꽃자리는 절로 계절을 읽고
장독대의 빈 바람과 함께
별자리에 그의 길을 내느라
늦은 밤 서러운 발자국을 들으며
푸른 꿈에 젖었던 그런 시절도 있었대요

흐르는 바람을 어찌 하나요
촘촘한 탱자 사이로 멀어져 간
느린 햇살이 살포시 손을 내밀지만
푸른 가시가 된 영혼이라 하네요

# 미수의 어머니

새벽 산책길에
하얀색이 학처럼 돋보이는
메리야스를 입은 채
텃밭에 풀을 뽑는 시어머니

나만큼만 건강해라 하면서
팔순 중반에도 당당함과 자신감이
철철 넘치시더니
누구도 비켜갈 수 없는
세월 앞에 장사로 앉아
산으로 들로 거침없던 영역을 지나
이제는 텃밭이 전부인가 보다

일거수일투족
정성껏 보살피는 자상한 남편
벌써 나와서 말벗이 되어드리니
서성거림을 벗어나지 못하는
내 마음이 한결 파란 하늘이다

# 비우기

내 것인 줄 알았다
폭염은 길어도
확실한 믿음 때문에
인내를 서둘렀다

함께 했던
남아있는 진실이 보여
날개가 있어도 떠나지 못하는
늙은 잠자리

행복했다고
앵무새처럼 되뇌이며
정작 익히지 못한
비우기의 반항이여

밤잠을 설치고
아침이슬에 젖은 채
꿈에 본 청산을 나르며
얇은 허물을 벗는다

# 봄

나른한 삼월 어느 날
낯익은 그대를 마중하고 싶은데
오다가 멈칫거리는 이유는 알지만
기다림은 허기를 채우지 못해
힘들게 끌어올린 물기를 머금고
아직은 겨울인 채 웅크리고 있어요

언 땅 다독여 씨앗을 뿌렸나요
황홀한 꽃이라면 바라만 볼게요
눈부신 봄빛이 아니라도 좋아요
은빛 순수의 구름 사이로
따스한 바람과 함께 온다면
그대의 온기로 환하고 싶어
아지랑이로 시를 쓸래요

# 봄은 가고

예전의 봄도
이렇게 짧았던가
생동의 물결
꽃물로 사방을 적시고
미친 듯 채워지는 초록 물결

처음부터
너는 봄이었구나
그래서 단명한 게지
아쉬워 서성이는
여운의 그림자를 만져본다

꽃을 피워
흔적을 남긴 채 숨어버린
나의 봄날은 순수했고
넘치는 환희를 누렸지만
아직도 못다 한 사랑이지

# 아직은

젊은 날 희미해
단정하지 않아도
눈물겹도록
절절하게
여기 머물고 싶다

오가며
갈증을 적셔줄
옹달샘을 만들어
지친 이에게 한 모금을 주는
길목이고 싶다

잡을 수 없는 시간
무심히 눈 감아보면
아직은 쉽지 않아
새벽을 깨우는
새로운 하루가 있으니까

비 오는 거리에서

방황도 태연하게
나약함을 감추고
소박해서 진실한
그런 길을 걸어가야겠다

# 늦가을 사색

햇살이 부드러우니
어디든 가야 할까 보다

나뭇잎의 장례식은
그저 환하게 웃고 떠들며
보내야 한다

홀딱 벗어버린 빈 가지엔
휑한 바람만 엉거주춤 앉아 있다
올여름 얼마나 뜨겁고 심한 갈증이었나

그래서 더욱 수척해진 이별이겠지

슬픈 눈짓을 애써 감추고 있는
푸른 소나무의 근육을 보며
또 하나의 가을을 보내야 한다

# 분꽃

마당 섶에
색색으로 피어날 때
굴뚝에는 어머니의 저녁연기
뽀얗게 피어오르고

별빛 속에 속삭이던
연인들의 밤
꽃 지는 새벽녘엔
어디론가 기약 없이 날아가네

분꽃은 피리가 되어
날아간 그들을 불러보다가
곱게 단장하고 싶은 속마음
분가루 가득 채운 씨앗을 품는다네

# 반추

꿀꺽 삼킬 수 없는
나의 반추는 어두웠다
아주 작은 가시 하나
갖은 상상으로 콕콕 찌르면
삭신이 쑤시는 고통이다

눈 한번 찔끔 감는 것이
무어 그리 어려워서
티객태격 힘든 하루를 보내면
버릇처럼 젖어오는 허무

외양간에서 고삐 풀고 나와도
갈 곳 마땅치 않아
사방 두리번거리다
흐르는 물 한 사발 들이키며
흘러간 세월까지 마신다

# 빗물에서 건져낸 詩 하나

아마 오늘처럼 더웠을 거야
개울까지는 못 가도
차가운 우물물 한 바가지로
더위를 식히곤 했지
우물은 넘쳐 졸졸 흐르고
물줄기는 언제라도 마르지 않았어

동그랗게 조약돌 쌓아 물 막았던
그곳에 김치항아리는 늘 있었지
어느 날 밤 쏟아진 소나기에
그 작은 항아리는 저만치 떠내려가고

비스듬히 넘어졌어도
다행이 금간데 없는 항아리엔
물 반 김치 반
어머니의 손맛은 빗물에 흥건했지만
열무김치만 건져내 들기름 듬뿍 넣어
보글보글 지져낸 그날 저녁은
詩처럼 맛있는 별식이었지

# 자신감

햇살 퍼지기를 기다려
느지막이 산책길에 들어섰는데
간만에 추운 겨울 날씨
기모 바지 속의 맨살이 썰렁하다

찬바람에 뺨이 떨어져 나갈 듯하고
문고리에 손이 쩍쩍 달라붙던
그렇게 매서운 시절도 있었는데
이까짓 것쯤이야 하다가
하찮은 핑계로 중간에서 내려왔다

길을 잃고 떠내려가는 자신감
점점 멀어져가는 너에게
가지 말라는 어떤 손짓을 할까
해야 할 일이 또한 많은데
머물 수 없는 사랑은 겨울을 또 버린다

# 어떤 고백

용기와 배경이 멈칫거리게 했다던
고백을 남의 이야기하듯 한다
오래전에도 들을 수 없었던

사라진 의미와
멀어져간 진실
얼마를 되돌리면 보일까

찾아온 적도
떠나간 적도 없는
연인아

눈짓을 십 리밖에 두었던
간절함도 단풍들어 저무는데
첫사랑이라던
빨간 산수유
쉽게 먹을 수 없기에
예전처럼 그저 바라만 본다

# 열대야

소식 없는
너의 숨소리를 만들고
숨어있는 바람을 찾다가

마른장마의 오기로
악몽 같은 천둥 세례에
혼절하는 땀을 닦는다

바스락거리는 환청
여름밤을 뒤척이다
새벽 매미 소리만 듣는다

# 산책 1

어제의 약속 때문에
나는 나를 데리고
인적 드문 산길을 걷는다
고요하다

낮달도 아니면서
상큼하게 새벽을 밝히는데
뜬금없는 웬 소나기
아니 밤샌 계곡 물소리였구나

이슬 털어버린 풀숲에서
푸드득 날아가는 까투리
너의 단잠을 방해했지만
조금 이른 아침이란다

핑계가 늘 들썩이는
노화 체력을 곧추세워
비록 더디게 돌아갈지라도
오늘 작심삼일을
홀가분하게 건너뛴다

# 산책 2

봄은 예쁜 꽃을 부르지만
모르는 채 나이도 부른다
입춘이 지났으니
기다리지 않아도
어느 날 봄볕이 들겠지

섣달 스무날 훤하던 달이
빛 잃은 낮달로 떠 있는 아침
쌓여 있는 낙엽 위로 잔설도 남아있는데
갑자기 들썩이더니 두더지가 나타났다

털갈이를 했는지
만지고 싶도록 윤기 흐르는 까만색이다
오늘 밤 몹시 추워진다는데
봄인 줄 알고 나온 두더지가
무사히 한파를 피할 수 있을까

까만 두더지가 온종일 아른거려
착각에 빠져 떨고 있을
너를 위해 봄을 기다려야겠다

# 러브 스토리

나혜석도 청마도
그들의 어긋난 사랑은
한껏 미화되어 전설이 되었는데

존경받던 마을 어르신
세인의 지탄에
수렁으로 추락하는 게
어찌 당신뿐이겠는가

어떤 인연은 아름답고
어떤 만남은 어두운 운명인가

백지에 물감이 떨어지면
아무리 고운 빛깔도
오점으로 번진다지

누가 누구에게
허물을 씌울 수 있는지
맑은 샘물은 오로지 흙속에 존재한다

# 은행꽃

나는 몰랐네
파란 이파리 속에
동색으로 피어 있던 꽃

자웅이주
숨어 있어도
봄바람에 연을 맺어
품고 있는 알토란

# 산당화

개화 시기도 제멋대로 바꾸며
철 지난 그 꽃은
아무 때나 피고 지면서
그 많은 침묵을 버티며
무슨 꿈을 꾸고 있는지

산당화가 명자나무이기도 한
헷갈리는 진실 속에서
봄이 가면서 떨어져 버리는
빨간 꽃잎 그 세월에 남아
웃음으로 가득했던 날만
나는 왜 기억하는가

기다림이란 기쁨이 아니다
너의 항해가 거침없던
그때처럼
촛농 수북한 촛대에 불 밝히고
그냥 여기에 있다

# 詩의 의미

발돋음으로 손끝으로
구름도 아닌 것이 잡히지 않네

잘 가라는 인사도 안 했는데
행복하라는 눈짓도 못 했는데

끊어질 듯 떨어지는 낙숫물 소리
여전히 꿈꾸고 싶은 시의 의미

가지 마라
어딘가에 숨어버린 너의 그림자

숨지 마라
너를 찾아
언 가슴 녹여줄 사랑이 있다

## 2부

# 멀어지는 풍경

# 멀어지는 풍경 1

이른 봄
개미 떼처럼 아이들이
골목을 빠져나가면
톡톡 터지는 담장 개나리꽃

목련은 그리운 등불이어서
아이들의 웃음은 떠나지 않았다

아버지는 팔순에도 자전거를 타셨다
천천히 밟는 페달 뒤로
부드러운 바람과 햇살이 따라다녔다

오일장엔 왁자지껄 봄으로 가득하고
사람들은 벚꽃인 양 생기가 넘쳐났다
어머니와 오순도순 장 나들이는
시골길을 걸어가는 유일한 설렘이고
비단바람은 어머니의 푸른 날들을
속삭이며 스쳐갔다

# 멀어지는 풍경 2

봄이 넘쳐나는 텃밭에
초록빛 희망을 심으면
스쳐 갈 인연 하나 오시려나

아스라한 절벽을 뛰어넘으며
끊임없이 소멸하는 푸른 영혼
해 저무는 언덕에서
허탈하게 웃고 있지만

더는 뜨거워지지 않는 가슴으로
어쩌자구 그리움은 고스란히 남아
멀어지는 발자국을 따라가는지

저녁나절 어슴푸레한 틈새로
아련한 추억의 그림자들
어제는 보이지 않던 오늘이 있듯이
아직도 머문 세월에 그려 있는
아득한 약속을 다독거린다

# 멀어지는 풍경 3

문화탐방 길에 따라나선
1박 2일이 어쩐지 불안하더니
아버지가 운명하실지도 모르겠다는
불길한 소식이 천 리를 넘어 들려왔고

혼자서는
차편이 없어 돌아올 수도 없는 곳에서
하루만이라도 살아계시기를 빌며
뜬눈으로 밤을 새웠던 그 날
나의 간절한 염원일까
이승에서의 하루를 기꺼이 감사하면서

아버지 손이 참으로 따뜻하다고 느끼며
깜빡 잠이든 30여 분
마지막으로 온기를 전해주시던 그 손이
가슴 시리게 그리워도

길가에 무화과를 바라보며
해남 땅끝 마을에서

애타게 마음 졸이던 그 기억도

이젠 가슴에 묻은 멀어져간 풍경이다

# 바람을 만나다

바람이 솔솔
살갗을 간질인다
더위에 지친 내게
때맞춰 찾아오니
그리던 마음을 열어
마중을 서두른다

상큼한 느낌이 좋다고
널 부르는 소리에
푸른 바람은 계곡을 거쳐
산에서 왔다고 했다

꿈을 꾼다
두근거리는 나의 열정
침침해진 눈으로 뒤뚱거려도
너의 존재에 웃음 짓고 싶다
지혜로움을 배우며
다시 청춘의 길을 더듬고 싶다

# 흑장미

나는 너를 몰랐다
너의 곁으로 가서
달콤한 향기를 맡고서야
나는 너를 알았다

때로는 날 세운 가시로
나의 눈독을 머뭇거리게 하지만
이미 불타오르는 아름다움에
떠나지 못하는 질긴 인연

꽃물에 젖어 흐드러져도
청춘에 실연한 검붉은 가슴
하나뿐인데
언제까지
너에게 있겠는가
새벽은 오는데

# 겨울 산

감추고 있던 속내를
훤히 보여주며
청산의 약속 때문에
근육을 키우고 있는 나목

숲으로 울창하던
추억도
추위에 얼어버린
현실도
동면으로 감내하는
메마른 침묵

겨울 산이 좋다는
누군가의
뜨거운 시선을 느끼며
새소리도 없는
적막 속에서
의연하게 앉아 있구나

# 겨울잠

몇 번인가 흔들어 깨웠지만
일어나지 않았다
나를 잊었나봐

가끔은
기다리던 끈기가 휘청거리고
무심함에 망설임도 있었지

잔설 위에 고대하던 봄비가 내리고
촉촉한 대지가 기지개 펴던 날
약속은 파랗게 잎을 틔웠다

오해와 편견을
멀리 던져 버리고나니
깍지 끼던 부드러운 손안에
믿음이 하늘처럼 맑다

# 소나기

때맞춰 쏟아지는 소나기를 상상했지만
청춘이 그리웠던 빗줄기는 없었다

여름 햇살에 무심한 망초꽃처럼
그날의 소년은 머리가 희끗하다

물 없는 징검다리를 건너며
비 가림 수숫단 속 풍경을 훔친다

우정도 사랑도
기다려준 세월도

도토리 막국수에서 잊혀진 향기
언제 또 젖어보나

# 배웅

여러 해 봄날이 스쳐 갔지만
가슴에 남은 하나의 목련꽃

잡아주지 않아서
다가서지 못해서
머뭇거리는 일에
많은 날이 흐르고
가로지르는 횡단보도에서
빨간불을 만나는 이 나이

한 편의 시가 되고
노래가 될 수 있으리라던
무수한 밀어는
바람에 떠밀린 어느 정거장에서
행선지 지워진 차에 서둘러 오르고
그렇게 허물어진 이름에
나의 배웅은 아직도 진행 중이다

# 달팽이

촉촉한 그곳이 너의 쉼터라지만
습관처럼 움츠려 숨어드는 너
그럴 때마다
기다리는 우울의 시간이 흐른다

낯익은 가치에
너를 앉혀 놓았던
서로에게 공을 들이기엔
어쩌면 위로받지 못한 존재였을까

너의 습성을 알면서도
모호한 상태에서
언제까지 머물 수 있는지
간절한 소통은 멀기만 한가

안부를 묻는 것에도
허락을 받고 싶은
소소한 희망도 욕심이라면
그것조차 내려놓아야겠지

# 해바라기

키 큰 너를 볼 때마다
꽃 중의 꽃은 콩깍지인가

수북한 꽃잎 속에 까맣게 익은 씨알
한 알씩 먹을 때마다
분명 나는 행복이었어
잠시라도 잊을까 봐 주머니에 넣어
비타민처럼 먹었어

늦은 장마로 며칠째 젖어있는
너를 바라보는 나를
너무 오래 기다리게 하지 마

이미 고소한 의미를 알아버렸으니
너를 향한 간절함
오늘도 해바라기야

# 능소화

넝쿨을 따라
궁금했던 거야
손짓도 눈짓도 다른
먼 곳을 향하여

정도에서 벗어나
어디까지가 윤리인지
눈감아도 낯선
새로운 도전

용기를 끌어와
울타리를 넘나들며
식지 않을 여름을 품고
진실을 찾아서
어지러워도 기어오른다

# 10월의 단상

독하자고 했지만 시간 속에 희석되고
기다림은 언제부터 일상이 되었나
꽃 피고 또 지고

아직 녹슬지 않아 그대로인
우리의 기억 속에
너의 멈춘 마음을
황량하게 만들어

서서히 물드는 단풍처럼
문득 그날이 그리워진다면
단 한 번의 손짓으로
용서도 사랑도 모두 너의 것이야

# 봄이 오기 전

너는 알거야 나의 바램을
오래전 시골집에서 시내 가는 길
시내버스 정류장 음반가게에서는
늘 음악이 흘렀지
집으로 가는 유일한 버스를 그냥 보내면서
무작정 그 음악에 빠졌던 아련한 기억
분간 없는 몰입이 나의 천성인 것을 그땐 몰랐어
후회 없이 빠져나오는 것이 여전한 내 몫인 것을

젊은 날의 시각을 허물고
애써 만든 너의 자리가 왜 좁아져만 가는지
저만치서 조용한 모습이 끝이 아니길
속으로 속으로 가려진 바램
뿌듯한 기다림이 태연해도
하얀 눈 위에서 너무 춥다

# 충전

아직  뜰 안은 겨울
우아하게 거닐어 봄 길을 낸다
몇 걸음에 목련은 피고
별궁 마당엔 새 소리
어느새 나비 한 마리
꽃밭에 앉아 있다

봄은 향기로 꿀을 만들고
겨울은 시나브로 녹아내린다

회환의 아지랑이 피어올라
서산에 노을빛으로 물들면
찻잔에 담긴 밀어
혀끝을 적신다

# 여름날의 외출

비 먹은 구름을 이고
호우주의보를 가르며
달려온 그대는
아직은 꽃

육지와 섬을 넘나들며
홀가분한데
무엇을 더 바랄까

회색 바다에 떠 있는 파란 섬
그 작은 섬은 유혹이었지

석모도가
너와 나의 영혼을 부른다
먼저 달려와 비구름에 가려진
고갈된 열정의 흔적들

공허를 채워주며
정신적 실존을 의식할 수 있음에

너의 무게가 가벼울 수 없는
인연의 가치는 순수한 거야

# 벚꽃의 끝자락에서

바람결 따라 잔물결 치는
그래서 흐르는 쪽을 가늠할 수 없던
호수 같던 잔잔한 강이 그곳에 있었지

오랜 침묵 때문인가
강 건너 산처럼 선명하지 않아도
묻어 두었던 그리움을 펼쳐놓으니

상처의 마음
치유만이 목적이었다면
너의 눈빛만으로 충분하구나

함께 했던 소싯적 아련한 추억
잠깐만 열어봐도 줄줄이 엮이는
풋풋한 기억 누구와 공유할 수 있었던가

내일을 기약하지 않았어도
오늘의 후한 적선에 목을 축였으니
아마도 이 포만감에 여러 날 행복 하겠지
만개한 벚꽃 끝자락이 아름다운 이유다

# 괜찮은 가을

은근히 젖어오는 단풍이 있어
그대를 좋아했나 봐
낙엽 밟는 소리에 끌려
그대를 사랑했나 봐

그냥 가만히 있으라기에
조용했더니 봄을 부르고
기다림도 모르는 척 태연하더니
홍시 되어 가을로 물드네

만추의 풍요를 누릴 수 있는
누군가의 긴 그림자
멀리 갈듯 하다가
넌지시 일러주는 사랑의 계절

# 나는 오늘 영화를 본다

어떤 이유에서든
어긋난 만남이다
오랜 기다림이었지

무엇에든 몰입할 수 있다면
선택은 애써 찾지 않아도
주저할 무엇이 있을까

우연을 가장한 약속
그것은 너를 위한 배려였다
어떤 아픔이든 나누고 싶었지

쉼 없이 달려가던 내 마음이
이렇게 절뚝거리는데
누가 나를 부축해 주나

우리의 추억이
은막 위를 스치는
시시한 영화 한 편 정도였다면

나는 오늘 영화를 본다
돌아서면 쉽게 아득해지는
그 세월 잠깐이니까

# 부메랑

그가 돌아왔다는 건
착각이었나 보다

국화 향기가 지천인
가을이 그토록 아름다워도
한 계절쯤 지워버리라고
번번이 숨어버리는
일몰의 순간을 볼 때마다
나는 여전히 아프다

행복이던 날에
메꿀 수 없는 틈이 생겼더라도
비틀거림에 앞서 기다림이야
저만치 서 있는 허상을 바라보며
부메랑은 나만의 착각일지도 몰라

—

## 3부

—

# 벚나무 아래서

—

# 벚나무 아래서

벚꽃이 흐드러졌으니
놀러 오라고 한 게 엊그제 같은데

벚나무 이파리가 곱게 물들었다고
문자를 보낸 것도 엊그제 같은데

오늘은 낙엽을 밟으며
너와 함께 거닐고 싶다고
차마 전하지 못하고 있다

벚꽃과 낙엽은 아주 먼 거리였을까

한순간 나는 아득해지고 있다
갑자기 내 몸이 아파진다

처음부터 꽃 날이 아니듯이
안개 속을 걷는 것이라서
오늘만큼은 아픈 소식을 몰라라 하자

다시 올 봄을 기다리며

# 소요산

벚꽃 마중하러
구름처럼 밀려오는 상춘객들
무한경 푸름 속에
어느 가슴 설레지 않을까

꽃잎 띄워 옥수 흐르는 계곡에
원효와 요석의 사랑 이야기
천년 너머 변함없이 흐르네

형형색색 단풍 꽃 필 때
가을 정취는 낭만을 불러와
소요산 자락은 낙원이 되고
누구라도 아늑한 고향 언저리

청량폭포와 불경소리 천상의 화음
바람이 되어 노래가 되어
유유자적 머물고 싶은가
저 나그네

# 월간 동두천문학 200호를 맞아

다산이다
벌써 200호라니
까마득히 거슬러 올라가 보면
거기에 내가 있었구나
발기인모임에서 여기까지

초대 회장님께서
동두천소방서로 전입
동두천문인협회 설립을 제의했고
한국문인협회의 규정에 의해
한국문협 회원 3명을 포함한
20명의 회원이 필요했다

당시 소요문학 회장으로서
나의 몫인 회원 확보는 수월했다

곽세근 서장님
원칙을 앞세운 의지로
낯선 곳 물어물어 찾아다니며

입지 분명한 한국문협에 인준된
본인 제외한 두 분을 설득하는 일
많은 시간과 어려움을 함께 했다

난관을 털고 창립하는 날
1998. 2. 21 그 후
세월 따라 시가 되고 수필이 되어
달마다 결보 없이 태어난 너
창간호부터 나의 책장에 빼곡한
너의 선배들이 기다린다
월간 동두천문학 200호를

# 겨울 산행

막걸리 벌컥 들이키더니
후들거리는 다리를 딛고
멀어져간 청춘을 불러와
젊음인 양 가슴을 편다

지금은 귀한 어릴 적
그날을 이야기할 때마다
땀처럼 젖어드는
동화 속 언저리

우리 이런 날도
길지 않을 거라 인정하다가
그래도 아직 이라며
낙엽 수북한 비탈길
미끄러지며 내려간다

겉으론 남루한 자작나무
은빛 순수를 바라보며
겨우내 물줄기 놓치지 않고

파란 봄을 보여줄까

틈틈이 산을 오르자는
약속을 흥얼거리며
오늘 까르르 웃던 시간을
주머니에 고스란히 담아왔다

# 상춘객

설렘의 손짓이
때론 눈부시고
때론 눈물 나도록
꽃길은 아름다웠다

봄처럼 찾아와
꽃비로 떨어져
행여 계절을 잊어
왔던 길 지워진다 해도

꽃잎에 새겨진 이름
오늘도 여전히 따라와
아련한 손짓은 먼 산을 넘어
어느새 파랗게 살아나는가

밀려왔다 밀려가는
상춘의 물결들
그 많은 틈에도 보이지 않아
봄이 지나간 길을 혼자 걸으며
한낮의 작은 그림자를 밟는다

# 수영

십수 년
나는 반나체로
부드러운 애무에 황홀했다
무서운 집착으로
네 곁을 맴돌 때
믿었다 무언의 약속을

희망을 품었던
자맥질이 헛된 꿈이 되고
오래 남을 절망의 상처를 보면서
세상에 믿을 놈 없다더니
정든 너를 어쩌란 말이냐

네가 있어 행복했던 시절
물속에서 벗어버린 그때처럼
미련을 밟으며 너를 떠난다

# 연꽃

잰 열아홉 살인가 봐
금방 필 것 같은
봉긋한 연꽃을 손짓한다
그대는
기억도 먼 열아홉이 있었나보다

터질 듯한 뽀얀 가슴을 가리고
화장기 없는 순한 얼굴로
연잎 같은 푸른 시절에
연꽃만큼 숱한 시선을 받았나보다

먼저 피었다 졌어도
멋진 집을 만든 연밥을 봐요
옹골차게 씨알을 가득 채우고
세월을 여물리는 거룩한 자태를

그대
이제 그리워 말아요
자랑처럼 열아홉을 잊으며 살아요

# 달맞이 꽃

저녁노을이 물들면
그때야 너는 단장을 한다

누군가에게 연연하며
꽃을 준비할 수 있다는 것

촛불도 없는
어둠을 더듬으며

언제나 달이 있고 별이 있어
그를 위해 밤마다 꽃을 피운다

오늘 밤 별똥별 하나
너에게 올지도 몰라

# 아카시아

후각을 일제히 깨운다
기억을 맡아보라고
꽃잎 끝에 묻어있는
잔향이라도

하찮은 것에
내 마음이 멈췄나
속절없이 희미해지는 건
생각을 지우라는 것이지

하얀 꽃 무더기
너한테서 건져내던
그날이 그리운 거야
섞이고 오염된 바람의 항변
죄지은 자 침묵해야지
그렇게 멀어지는 인연들이여

# 주름 꽃

웃으면서 생기고
아프면서 굵어진
사선인 듯 곡선인 듯

살아온 증표인가
세월과의 약속인가
생명의 질긴 끈인가

손짓도 마중도 없는데
기척 없이 찾아오는
시간의 하수인 주름 꽃

꽃도 아닌 것이
부끄러운 줄 모르고
단장 없이 펼쳐 논
만감의 표정

# 겨울 꽃

아주 오래전
새집 짓고 이사 오던 날
집들이 선물로 들어온
스파트필름

밖은 온통 겨울
거실은 유난히 빛나는 푸름
깔끔한 공기정화에
상큼한 풋내 가득하다

질리지 않게
눈길 사로잡는 탐스런 풀꽃
그로 인해 청산을 앉히고
밖에서 망설이는
겨울 햇살을 끌어들인다

익숙한 눈빛
바쁘다는 핑계로 소홀해지는 걸
용케 알아차린다

허겁지겁 물 흠뻑 주면
금세 회심의 미소 펄럭이는
파란색도 꽃이 되는 겨울이다

# 망초꽃

씨앗을 뿌렸을 리 없는
인가 드문 민통선 어느 검문소 앞
외로움을 달래듯 무수히 피어있는 꽃

화약 냄새 뽀얗던 전투 지역
피고 지며 젊은 전사의 넋이 되어
뿌리내린 곳

하얗게 지천으로
어쩌다 낯선 행인들을 마중할 때
오늘은 처연한 연인을 본다

철새들도 가버린 들판의 유월
가끔 들려오는 포 소리는
언제까지 리듬 없는 메아리던가
머뭇대는 길엔 망초꽃뿐이네

# 해파랑 길

동트는 해안 길
밀려오는 파도
하얀 포말까지
그 그리움 얼마 만인가

송지호 둘레길을 접어들자
예고 없는 소나기 세례
설레이는 마중인가 싶어
촉촉이 스며드는
짜릿한 만남

선뜻 잊기로 했던 풍경
젖은 눈 너머로 흘러내리고
잡으려 해도
기다림을 뿌리칠 줄 아는
너는 지금도 먼 곳에 있는가

# 경포에서

어둠 속 하얀 너울
그는 누구인가
바람을 등에 업고
파죽지세로
예까지 달려와 부서지고 마는

부질없는 반란
거칠게 밀어내는 밤바다
용트림 후 다시 태어나
또 다른 만남을 향해
새벽이 오는 거야

저 건너 방파제를 비켜 와
고요를 깨트리며 밤새워 울어도
솔바람다리 밤 풍경에 빠져
잠시라도 너를 재우고 싶지 않구나

# 박물관에 오시다

이곳에는 젊음이 있다
총알에 나뒹굴던 악몽이지만
이름도 모습도 지워진
그리운 전우가 살아난다

허기를 움켜쥐며
적진으로 뛰어들던 몸서리
희생을 감내한 푸른 청춘을 가져와
굽은 허리를 당당하게 곧추세운다

자유수호평화박물관
참전의 아픔을 다독이는
회상의 파노라마
이제 굵은 주름을 펴고 웃어도 된다

전쟁터에서 잃어버린
조각난 기억을 맞춰보는
소중한 당신을 마중한다

어서 오세요

# 산소 앞에서

야트막한 산자락
바람도 잔잔해 고즈넉한
천주님의 쉼터였을까

천태만상의 삶
지상에 내려놓고
지금은 한 줌의 흙으로
편안한 안식의 봉분들

살아있는 자들의
참회와 위안의 손길
잔디 속 잡초를 뽑으며
마음을 다듬는다

예민한 환상으로 아팠던
부질없는 생각
오랜 침묵인 영혼을 만나러
약속인 듯 찾아와

깊은 인연을 꺼내어
흔들리던 가슴 재우며
서로의 진실을 바라보면
구름도 없는 언제나 따듯함이여

# 4月의 진통

갖은 꽃들이 만개한 오늘
하늘빛 더욱 푸른데
누구를 위한 등불이었나
부정부패의 척결

자유를 열망하던
그들의 부모와 형제들
묘지마다 붉은 꽃들이 울고 있다
조국을 위해 질주하던 그날

진정한 민주이념의 쟁취는
동족의 총칼에 피를 흘리고
4·19 민주성지에서는
60여 년 침묵의 열병을 앓고 있다

그들의 희생은 누워 있고
그들의 염원은 아직도 미로를 헤매는데
철없는 어린아이 하나가
누군가의 무덤을 맴돌고 있다

# 풍산 견

언제나 그대로일 줄 믿었던
나의 주인은 나를 버렸다

자유를 쇠줄에 매달았지만
거르지 않고 먹이를 주는 감사함에

주인을 하늘처럼 여기고
낯선 이를 허락하지 않았다

보는 사람들마다
늠름한 생김새를 칭찬해주던

십여 년 종족보존을 하며
충실한 지킴이 역할을 했지만

기력이 쇠함을 눈치 챈
주인의 슬픈 눈이 무슨 위안인가

다시는 못 올 누군가에 끌려갈 때
등 떠미는 바람은 아직도 삼복 중이다

# 노이로제

차도 사람도 뜸하던 우리 동네 길
전원주택이 줄줄이 들어서더니
주차된 골목들이 늘어나고
사각지대에 있던 자동차가 후진하면서
달리던 내 차를 들이받았다

병원 신세를 지고 나왔지만
언제 어느 골목에서 난데없이 나타나
나에게 흠집을 낼지
운전할 때마다 조마조마하다

한가롭게 오가던 정든 마을 안 길
이사 온 자동차들이 낯설고 겁이 난다
평소 터프아줌마란 별명은 간데없고
자꾸만 작아지는 용기
운전석에서 좌불안석이다

# 그녀의 뒤안길

따가운 시선을 외면하며
본처 자녀들을 가족으로 보듬어
가르치고 결혼까지 뒷바라지를 감내했지만
불륜과 사랑의 공방에서
그녀에게 돌을 던지는 많은 사람들

생글생글 웃음도 역겹다는
아낙들의 수군거림도 버거운데
수없이 남다른 갈등을 겪을 때마다
운명이라 눈물 감추던 그 모습
누구에게나 평범하게 주어지는
면사포의 주인공이 영원한 소원이던
70을 넘기지 못하고
파란의 생을 마감했다는 풍문에
여전히 손가락질을 거두지 않는
당신의 순결한 선택은 얼마나 행복하신가

# 동행에 대하여

죽음을 체험한 사람은 없다고 했다
실제로 죽었다 살아난 사람은 없으니까
죽기 전까지를 삶이라고 하는
그의 짧은 강연은 긴 여운을 남긴다

어떤 인연으로 만나서 지인이 되고
수많은 지인과 동행하면서
생명은 자산이라고
80년 세월을 그렇게 살았다는
문학의 선두자 이어령 박사님

나의 창의력으로 누군가에게 도움이 되고
누군가의 덕으로 내가 발전할 수 있는
생각 나누기의 진수
동행이란 얼마나 멋진 일인가

수백 권의 저서와 업적을 펼쳐놓은
영인문학관에서의 특별한 하루
지나가는 소나기도 동행에 끼어들며

잠깐 쉬었다가는

아름다운 풍경이 있던 날

# 감기는 진행 중이다

털썩 앉아있는 다리 사이로
추억이 성큼 걸어온다

누가 내 다리를 두드린다
까마득한 옛날이 살아난다

영혼을 깨운다
하날 때 두알 때 사마중 날 때

아무런 뜻도 모르면서
육낭 거지 팔 때 장군 고드래 뽕

신나게 아니면 정신없이 다리를 두드렸을
술래놀이 그 시절 과거를 낚아본다

의미 없는 날이 커다란 의미가 되는 건
따스한 아랫목이 그곳에 있었기 때문이지

시간이 다시 흐른 뒤에
얼마나 눈물 나게 오늘을 그리워할까

먼 그리움이 벌써 진통인
감기는 여전히 진행 중이다

# 준비 없는 이별

그곳에는 새소리도 있었다
달달한 바람도 있고
때론 다정한 목소리도 있었다

떠나올 무렵 어리석게도
떠남을 감지하지 못했다
어쩔 수 없이
날짜 부적응을 감내해야 한다

그리우면 더 그리운 곳을
찾으면 된다고 미련은
훌훌 털어버리면 된다고
그걸 세월이라고 하지

서운함도 이해로 다독거리며
모든 시간이 나의 것이길 희망하던
봄 햇살이 일렁이는 그곳을 향해
내 마음에 날개를 단다

## 4부

# 5월의 가출

# 5월의 가출

이맘때
봄꽃이 쏟아내는
달콤한 향기에 취해
비틀거렸지

싱그러웠다
가슴을 파고드는 청보리 물결
나를 들썩거리게 했던
그 바람의 유혹
처음 해보는 가출이었지

뒤돌아보니
우물 아래 빨래터
만발한 복숭아꽃
어디까지 따라 나와 배웅하던
사십 년 전 5월의 신부는 어디로 갔나

# 사투리

그 꽃잎
뽀얗게 피어날 때
누가 볼세라 하나씩 따 모아
그늘에 말려야 약효가 있다기에
들며 날며 마른 꽃잎 만드느라
봄바람에 부탁하던
꽃잎 속에 숨어버린 추억을 열어본다

서너 번
목련꽃 필 때마다
바다 건너 내 마음 적시고
얇은 귀에 전해주던 진실이
두고두고 외로워서
딸까 말까 망설이다
너무 쉽게 지웠지만
품을 수 없던 나의 넋두리

포들포들 하얀 꽃잎
네 앞에 설 때마다
먼저와 서 있는 따듯한 사투리

# 여행

"여행가시나요"
한번 경험한적 있어
필요한 물건을 구입하는데
가게주인이 묻는다
"네 여행가요"
무심코 나온 대답에 쓴웃음이 난다

첫 해외여행으로 태국을 갔었지
비행기가 무사히 착륙할 수 있을까
은근히 불안했던 기억이 난다

5시간여
비행사에 몸을 맡기 듯
이번에는 의사에게 맡기는 거다
두 번째 똑같은 수술
마취에서 깨면서 중환자실로 옮겨지고
몸서리치게 지루했던 시간
두 번 다시 경험하고 싶지 않던 그곳을
여행하듯 다녀올 수 있을까

쉽게 생각하고 싶지만
밤마다 악몽이다

# 알프스 융프라우

톱니바퀴의 산악열차를 타고
해발 3454m의 알프스를 오른다
저 아래 푸름과의 단절은 이미 멀어지고
정상에 오르니 조심스레 구름옷을 벗고 있는
황홀한 자태에 너도나도 넋을 잃고 만다
구름옷을 마저 벗을 듯 말 듯 망설이는
젊은 처녀라는 이름을 가진 융프라우
하얀 산과 하얀 구름의 엉김에 탄성이 절로 나오는
혼미하게 빠져드는 신비의 절정이다
누군가의 노력으로 엄청난 자연을 선물 받고 있는 사람들
고산증의 어지러움은 신라면으로 재우고
알레치 빙하 500m 두께의 만년설 위에서 꿈인 듯 본다
잠깐의 만남 오랜 설렘으로 기억 되겠지

높은 산에서 계곡으로 질주하는 스키어들의 천국
보는 이들도 온몸이 짜릿해지는 스릴
설산을 원색으로 수놓은 한 폭의 풍경화
유럽의 지붕 융프라우
힘센 나라 틈바구니에서 가난했던 작은 나라

정밀산업의 발달로 스위스 시계를 알리고
아름다운 알프스 산으로 관광산업을 이룬다
얼음이 녹아내린 1400개의 1급수 호수가 있어
차세대 물 수출로 부흥을 꿈꾸는 나라
오륜기가 새겨져 있는 IOC 위원회가 있는 곳 스위스
한 번은 꼭 가봐야 할 여행지로 추천하고 싶은 그곳

# 구채구에서

블랙야크 상표의 등산복을 걸치고
처음 보는 화이트야크 등에 앉아
울긋불긋 깃발이 낯설게 펄럭이는
티베트 문화에 젖어본다

설산 허리에 구름 띠로 단장한
물색 파란 구채구 호수
3000m 고도 어지럼에 시달려도
설수로 쏟아지는 폭포 앞에서
여행객은 피로를 씻는다

아직 이른 봄
타국 땅 상상의 사계를 탐닉하다
머잖아 꽃망울 터져 만개할
나의 동네 벚꽃이 그리워지고
연둣빛 파스텔 봄 산이 아른거린다

# 프라하의 석양

빠르게 지나가는 차창 밖으로
분지의 땅 저편에 드넓은 바다가 펼쳐진다
파르스름한 수평선 위에
무지갯빛 너울거리며
뽀얀 꽃구름이 피어나는 아름다운 절경
상상을 초월하는 환상의 풍광
태양이 사라지며 남긴 위력
경이로워라
분명 처음이자 마지막일 실체
프라하 여행에서 나를 설레게 했던
가장 유일한 시간이다

28년 전
공산권에서 자유의 길로 접어든 체코는
사방이 보헤미안 왕국과
합스부르크 건축물이 남아있는
화려한 문화유산을 간직하고 있었다

# 크로아티아에서

세계대전에 폐허가 될뻔한 마을
유럽에서 가장 아름다운 자연을 느낄 수 있는 곳
플리트비체 호수공원을 거닐며
이곳에서 삼짇날 노랑나비 날갯짓이
여행객에게 정감 어린 색다른 눈길로 잡힌다
물빛은 투명한 파란색부터 에메랄드빛
깊이에 따라 다양하게 변하는 물소리
몇 년 전에 보았던 영화 아바타를
촬영한 곳이라 해서 기억을 찾아보니
폭포가 떨어지며 물안개 자욱해
화면 가득 신비한 장면을 연출하던
인간과 판도라의 러브스토리가 생각난다
청둥오리 떼가 노니는 예쁜 모습을 보며
세계 최초로 넥타이를 만들었다는 유래가
갑자기 연관 지어 스치는 이곳은 크로아티아

# 부다페스트에서

겔러르트 언덕에서 내려다보니
언덕인 부다와 평지인 페스트 사이로
다뉴브 강이 반짝거리며 흐르고 있다

헝가리 정치의 본산이고
건설 기간이 20년이나 걸렸다는
강변에 위치한 걸작 국회의사당
화려하고 웅장한 야경이 과연 으뜸이다

여행객들의 피로는 어느새 강물에 던져지고
별나라에서 뿜어대는 별빛에 취해 버린다
자유를 꿈에라도 함께 하고픈 희망과
사회통치 속에서도 뿌리 깊게 계승되어온
그들의 진정한 모습이 헝가리 대평원을 닮았을까

# 오스트리아에서

유럽을 지배하던 합수브르크 왕가
모차르트 베토벤 요한슈트라우스
음악의 거장들이 오스트리아 태생이거나
음악 활동의 중심지로 삼았던 곳

잘츠부르크
한라산보다 더 높고 많은  알프스산맥들
케이블카로 아찔하게 오르는데
설산에서 뛰노는 산양들이 보이고
여름에도 녹지 않는다는 눈 쌓인 절벽
스위스 융프라우를 떠 올리게 하는 풍경들이다

모차르트 생가 앞에는
고요하고 아름다운 볼프강 호수가 있고
여행객을 기다려준 유람선에 앉아
모차르트를 키워낸 귀한 바람을 마셔본다
알싸하면서도 달콤한 그날의 바람이다

유럽 역사의 중심 오스트리아 수도 비엔나

모차르트의 결혼식과 장례식이 열렸던
비엔나의 랜드마크 웅장한 성 슈테판성당
천년 역사를 간직한 건축물이
곳곳에 있는 왕궁과 성당들은
후세들에게 특별한 부를 선물하고 있었다

# 개똥벌레

-코타키나발루

여름이 농익을 무렵
마당에 멍석 깔고 옥수수를 먹고 있으면
개똥벌레 반짝이며 별을 대신하던
그 날들이 먼 기억 속에 있네

한참 흘러간 세월 속에
그 많던 개똥벌레는 어디로 갔나
가끔 그 모습 찾아봐도
사라진 별이 되어 나타나지 않더니

말레이시아
보르네오 섬 코타키나발루
어느 강가에 모여 우리를 기다리고 있었네
맹그로브 우거져 강물 찰랑대는 숲속에
물소 떼와 원숭이들의 등장보다
별처럼 반짝거리며 우리를 환영하는
개똥벌레들의 향연
도시의 조명에도 느끼지 못했던
기억의 풍경에 온몸이 젖어드네

# 천천히 사는 법

그날이 그날인데
그냥 바쁘다
새벽에 수영장 가던 날
익숙한 동네 길에서
돌담을 들이받았다

에어백이 터지면서 외상은 없었지만
그 일로 인해 병원을 전전했다
만성 허리통증보다
두고두고 아픈 건 내 마음이다

토끼와 거북이의 경주를
잊고 사는 건 아닌지
늘 따라다니는 늦은 후회
이별하고 싶은데 어렵다

겨울이 오기 전에
독감 예방주사를 맞으며
오가는 길에 쉼표를 만들자
늦었지만 천천히 하고 친해야겠다

# 인적이 뜸한 곳

궁금했다
확인하고 싶었지
소요산 능선에 접어드는
가파른 산길을 오른다

몇 년 전 기관에서
회원들 작품을 부탁한다고
그래서 보냈다는 말만 들었다
그 후 아무런 소식도 전해 듣지 못했다

근래 산림욕장에서 보았다는 풍문
물어물어 찾아온
발길이 뜸한 한적한 곳에서
반갑게 만날 수 있었다

그런데 무슨 일인가
관리소홀로 케케묵은 산 먼지
벌레들의 오물인가
글씨는 아예 가려져 있고

어떤 버팀목은 썩어
작품이 땅에 떨어져 있다

각자 개인들의 소중한 작품이
산속에 버려져 있다니
가슴 아파하기 전에
설치 후 관리를 외면한
담당자들이 원망스럽다

# 갑질에 대하여

개가 매를 맞는다
주인이 바뀐 줄도 모르고
막무가내로 짖어 대다가 매를 맞는다
집을 옮겨 온지 여러 날인데

대문을 들락거릴 때마다
먹이를 넣어주었건만
볼 때마다 짖어대니
주인은 화가 나서 개를 때린다

꿈이 현실이 아닌 것처럼
눈치껏 살아야 하는데
괜한 고집부리다가
발 동동이 무슨 소용이랴
싫어도 좋은 척
맨바닥에 엎드려 꼬리를 흔들어라

개삽니다
외치는 소리 가까워지고

망설이는 주인의 눈초리가 심상찮다
더 위대한 짖음을 위하여
싫어도 좋은 척
맨바닥에 엎드려 꼬리를 흔들어라

# 오비이락

단지 임프란트 두 개를 심었을 뿐인데
혀가 아프고 쉿물이 나온다
병원을 전전했지만 여전한 증세
혀가 받는 스트레스로 목까지 따끔거리고
40년 전 편도선염을 재발시키며
몸 전체가 정상을 벗어나고 있다
시간이 지나면 나아질까 기대했지만
겨울이 가고 봄이 무심히 지나간다

한동안 미각을 잃었고
우울증까지 겪어야 했다
건강체질이라던 나의 체력
몇 달째 감기를 달고 살면서
나이 탓이라고 하기에는 원망스러운
그를 만난 인연으로 힘들어하는데
그는 오비이락이라고 하겠지

# 인대 파열

어스름 새벽
산책을 위해 잠을 깬다
동행이 참 좋았던
내 자리가 비어 있는데
그들은 어디쯤 가고 있을까

단단해지는 근육
만져보며 신이 났지
폭염이 한창 치솟아
땀에 젖어도
자신 있다고 생각했던
자만이 미끄러지던 날

별거 아니야 가 아닌
달포 넘은 절뚝거림
두런두런 그들의 발소리
내색 없이 떨쳐버리고
공허한 우울을  다독거린다

# 자라 보고 놀란 가슴

얼마 전에 보고 소스라쳤던
뱀이 그곳에 있었다
머리를 세운 혐오스런 몸뚱이는
파란 잔디밭의 평화를 뭉개고 있다

남자들이 몽둥이를 들고 나오는 동안
나의 눈도 발도 꼼짝 할 수가 없다

온몸에 소름이 돋고
등에서는 식은땀이 흐르는데
돌돌말린 흑갈색 가랑잎은
분명 머리로 보였고
이어진 긴 막대기는 바람에 흔들렸던가

이걸 뱀이라고
들어 올린 막대기를 멀리 던져버리니
짧고도 긴 신경전은 끝이 나고
그 뱀은 하늘로 승천했다
꺾어진 벚나무 가지와

가랑잎의 초라한 무대에
혼자만의 관객이었지만
나를 사로잡은 바람의 연출은 완벽했다

# 6월의 그늘

울부짖음이 얼마나 컸던지
반세기가 한참 지났어도
그 총성의 메아리는
여전히 허공에서 맴도는데

같은 민족이 빚어낸
1,129일의 한국전쟁
밀고 쫓기는 아비규환 속에서
나라 위해 바친 청춘
고향 떠나 어느 골짜기에 묻히고

전사자의 가족으로 남겨놓은
그들의 한 많은 그리움은
어느 밤인들 악몽이 아니었을까
그토록 슬픈 이야기는
우리 아버지 어머니의
피맺힌 증언으로 기록되어

승자도 패자도 없었던

누구를 위한 투쟁이었던가
평화로운 우리의 청산
북쪽 휴전선에 망초꽃 지천인데
분단된 조국은 민통선으로 누워있고
서로를 겨누고 있는 숨은 전쟁은
아직도 진행 중이다

# 착한 그림자

첫 모임이 있던 날도
홍일점이라 거북했지만
하회탈 웃음으로 맞아주고
세세한 배려로
서먹함을 떨쳐버리게 했지

이해의 멍석을 펴놓고
부족함을 덮어주던
믿는 자리가 사라지나 보다

세월이 흐르는데
쉬이 정년이 되리라는
아쉬운 작별이 오리라는 걸
진작에 몰랐을까

이제 어디서든
진실한 삶에 자유를 얻어
남에게 힘이 되고
희망이 되는 또 다른 출발
축복이 함께하기를

# 겨울나무

나이테 하나
온전히 새기려고
촘촘히 매달려 있던 잎을
모두 떨궈야 했다

매서운 추위가 맴돌다
나뭇가지에 앉아 쉬어갈 때
마지막 잎새 떨구며
그를 맞아야 한다

이것도 사랑이라며
차가운 고독을 끌어안는다

훗날
너를 잉태해
무수히 움트고 파래지는
또 하나의 봄을 기다리며

# 나들이

여름 끝에
기다리던 바람이 불어와
산빛에서 들빛에서 보이는
이별 풍경을 나누어 가진다

오늘만큼
지성을 거부한 수다
길거리에 솔솔 뿌리며

세월 감을 아랑곳없이
홀가분한 마음을 만들고
일상에서 스며든 스트레스
가볍게 날려 보낸다

생각과 취미가 달라도
서로에게 귀 기울이는
또래를 한참 벗어난 사람들

책갈피에 몰래 끼워둘
풀꽃 이야기도 없으면서
바람난 아줌마들
작정한 듯 오늘을 버린다

# 지금

풋풋한
유년의 소매 끝에서
솔솔 풀어내는 이야기
그 속에 너는 있었던 거야

빠르게 지나갔지만
어제와 오늘이 별반 다르지 않아
그날이 그날인 줄 알았다

늦었지만
더 늦기 전에
지금이 최선이라면
조용히 안주해야지

한때는 두려웠던
거부할 수 없는
현실에 앉아서
태연하게 경로카드를 만들고
자신에게 한없이 너그러운
나에게 경하를 안긴다

■ ■

評說

# 순결한 사랑과 진실을 향한 욕망과 일탈

김 석 환

(명지대학교 문창과 명예교수)

최수경 시인이 다섯 번째 시집을 펴낸다. 최 시인은 시와 함께 살며 시로써 존재자들과 진정한 만남을 이루고 스스로를 다스리며 늘 더 높은 가치의 세계를 향해 발돋움을 멈추지 않았다. 이번 시집에도 생활 주변에서 또는 일상을 벗어나 국내외를 여행하면서 얻은 소재들을 촘촘히 엮어 깊은 사유와 상상의 내용들을 보여 주고 있다. 시인이 쌓은 또 한 층의 금자탑은 시단의 경사가 아닐 수 없다. 먼저 그동안의 산고에 위로의 뜻과 축하의 박수를 함께 보낸다.

인간은 이웃과 더불어 살다보면 자기의 고유한 욕망 또는 의지를 포기하고 보이지 않는 규칙과 질서에 얽매인 채 지낸다.

일상어는 바로 그러한 삶을 유지하기 위해서 이미 사회적 약속으로 고정된 문법에 따라 운용된다. 그래서 언어가 욕망의 표현이라기보다 오히려 '언어가 무의식의 조건'이라는 라깡(Lacan)의 말은 설득력이 있다. 고정된 문법에 따라 쓰인 법과 규칙의 울타리 안에서 말을 주고받으며 사는 현실은 개인에게 욕망을 발동시키는 요인으로 작용한다는 것이다. 그런 일상어가 지배하는 현실에서 억압될 수밖에 없는 자기만의 고유한 욕망 또는 그 성취와 실패로 발생하는 정서를 언어로 드러내는 예술 양식이 곧 시이다.

그래서 시인은 필연적으로 일상적 문법을 벗어나 자기만의 정서와 욕망을 보여주기에 알맞은  독자적 문법으로 언어의 집을 짓는다. 최수경 시인 역시 현실의 울타리에 갇혀 사는 동안 드러내지 못한 채 가슴 한구석에 밀쳐 두었던 욕망 또는 풋풋한 정서를 독특한 어법으로 보여 준다. 최 시인의 시에 등장하는 이미지들은 평범한 일상이나 여행길에서 찾은 사소한 것들이지만 큰 빛을 발하게 되는 까닭은 아플 만큼 치열한 열정을 갖고 썼기 때문일 것이다.

제1부에서는 주로 타자들과 어울려 사느라 소외된 채 밀쳐 둔 고유한 욕망을 탐색하려는 자아성찰의 치열함을 보여 준다. 다음 시는 최 시인의 겸손과 성찰로 지켜 가는 삶과 시적 자세를 '풀잎'과 나누는 대화 형식으로 보여 주고 있다,

풀잎의 밤은
달빛이고 별빛이라서
그렇게 새벽이슬을 머금고
일어서야 하는 하루가
온통 초록인데
사람들의 무덤덤한 발끝에
힘없이 눕는다 해도
다시 꿈을 펴는 풀잎

–「풀잎의 밤」 일부

풀잎이 머무는 공간적 배경은 "허름한 골목길 담벼락" 밑이다. 외지고 비천한 그곳에 처해 있으나 "야무지게" 산 풀잎은 곧 중심보다 주변으로 물러나 있으면서도 자신의 역할을 충실히 하기 위해 애쓴 시인의 낮은 자세를 엿보게 한다. 인간은 누구나 더 나은 환경 조건에서 안락하게 살려는 욕망이 있을 것이다. '풀잎'은 "산소 그윽한 숲속"에서 늘 "풀벌레 자장가를 들으며/ 포근하게 잠들고" 싶은 밤도 있었다. 그러나 그것은 헛된 꿈이라 여기며 외진 곳까지 불어와 외로움을 달래 주던 자연의 숨결 같은 "보리바람"을 기억하며 가랑잎 무덤 속에서 바스러져 흙으로 돌아갈 것이다. 밤이 되면 영원하고 더 밝은 세계에서 달빛과 별빛이 비추어 주고 새벽이면 자연의 은총 같은 이슬이 내려 다시 희망의 "초록" 빛으로 일어나 새로운 새벽을 맞을 수 있으리라고 믿기 때문이다. 지상의 어둠 속에서 "시람들의 무덤덤한 발끝"에 밟히지만 천상의 가치를 지향하고 부활을 믿고 꿈꾸는 풀잎은 시인의 모습을 대신 보여 주는 것이다.

이 시에서 나타나는 풀잎과 같은 식물적 이미지들은 최 시인의 시에서 다양한 이미지로 변주되며 등장한다. 시 「가을 풀밭에서」는 풀밭은 "가지런한 잔디와 달리/ 생각도 제각각 자유롭"고 바람과 뜨겁게 "소리 없는 울음과 웃음"을 나눈다. 그리고 "원초적 빛깔을 풀씨로 맺고" 행운의 네 잎 클로버와 섞여 살던 날을 잊지 못하면서도 쇠락의 계절이 오면 스스로 갈색으로 퇴색해 간다고 한다. 그렇게 시인은 '풀밭'을 통하여 자신의 고유한 욕망에 따라 자유를 누리고 사랑을 나누며 그 순수한 생명력으로 삶의 결실을 맺으려는 시인으로서의 삶의 자세를 보여 준다.

시 「탱자나무」에서 바람과 햇살을 맞아 "맑고 고운 피부가 되고", "가시가 돋아 있어 울타리가 된" 탱자나무에 얽힌 낭만적인 사연을 고백하고 있다. 화자는 탱자나무 울타리를 기웃거리던 사람과 "그의 서러운 발자국"을 들으며 푸른 꿈에 젖었던 시절을 그려 본다. 세월이 바람처럼 흘러가버리고 그 이의 손길인 양 "느린 햇살이 손을 내밀지만" 영혼은 푸른 가시가 되고 만 것이다. 삶은 만남과 이별의 연속이라면 탱자나무는 그 대립적 의미를 함께 내포한 양가적 이미지로서 갈등하던 시인의 내면을 암시해 준다. 시 「봄」에서는 봄에 대한 기다림을 씨앗을 뿌리고 꽃이 피기를 바라는 심정에 비유하여 보여 준다. 시인은 봄이 "은빛 순수의 구름 사이로 바람과 함께" 올 때까지 "아지랑이로 시를" 쓰면서 기다리겠다며 순수한 생명의 세계에 대한 동경의식을 암시한다.

그리고 시 「봄은 가고」에서는 "꽃물로 사방을 적시고" "초록 물결"이 채워지고 난 후 흔적을 남긴 채 가버린 봄이 순수했다고 여긴다. 시인은 그 봄에 "환희를 누렸지만/ 아직도 못 다한 사랑"을 아쉬워한다. 시 「분꽃」에서는 고향집 마당에 핀 분꽃이 사랑을 속삭이던 "연인들의 밤"이 지나고 새벽이 오면 기약없이 지고 만다는 것이다. 분꽃은 그들을 불러보다가 "곱게 단장하고 싶은 속마음"을 "분가루 가득 채운 씨앗"으로 익혀 품는다. 시 「어떤 고백」에서는 화자를 첫사랑으로 사모했으나 "용기와 배경" 때문에 멈칫거리고 말았다는 진실한 옛 연인의 고백을 뒤늦게 듣는다. 화자는 그를 대신하는 "빨간 산수유"를 "쉽게 먹을 수 없기에 바라만 본다"고 하며 시간의 흐름을 아쉬워한다. 이처럼 최 시인의 시에서 식물과 그 꽃의 이미지는 주로 순수한 사랑의 욕망 또는 생명력을 암시한다.

시인은 사랑과 생명의 봄을 보내고 가을을 맞이해서 지난 추억을 되새기고 남루해진 자신의 현실과 꿈을 "허수아비"로 대신 보여 준다.

> 극성스럽게 날아오던
> 그 많은 새떼는 어디로 갔는지
> 빈 들판에 고개를 떨군 채
> 남루를 펄럭이며 휘청이지만

그런 허한 모습이 누군가에게
아름다운 그림으로 남겨진다면
수북한 낙엽 속에 묻혀
차디찬 사랑을 품고 잠이 들겠지

–「허수아비의 추억」 일부

수확이 끝난 논에 서서 소슬바람에 휘청거리는 허수아비는 할 일이 없다고 해고당한 무직의 노숙자나 다름이 없다. 세파보다 더 "거친 바람"이 식어버린 몸을 더욱 차갑게 하는데 먹이를 찾아 극성스럽게 날아와 잠시나마 외로움을 잊게 하던 새떼마저 날아오지 않는다, "남루를 펄럭이며 휘청이는" 빈 들판의 허수아비는 곧 역할이 없어진 은퇴자의 "허한 모습"을 대신 보여준다. 그러나 허수아비는 이전까지 자신이 사랑을 베풀어 주던 누군가에게 "아름다운 그림으로 남겨"지기를 기대한다. 그리고 자신의 주검이 수북한 낙엽에 묻히더라도 "차디찬 사랑을 품고 잠이 들" 것을 바란다. 그렇게 시인은 육신의 삶이 끝난 이후에도 이웃들에 대한 진실한 사랑을 영원히 간직하려는 욕망을 암시해 준다.

시 「비우기」에서 "늙은 잠자리"는 욕망의 대상이 "내 것"이라는 믿음 때문에 긴 시련의 폭염을 견디었다. 그리고 "남아 있는 진실이 보여" 날개를 펴 떠나가지 못하고 늘 행복했다는 말을 반복하며 "비우기"를 익히지 못했다. 그래서 밤을 지새우고 내리는 "아침이슬"에 젖을 때까지 "꿈에 본 청산"을 날아다녔다.

그러는 동안 “얇은 허물을 벗”고 새로운 세계로 날아가기 위한 준비를 한다. 최 시인은 헛된 것을 욕망하던 환상을 타파하고 고유한 욕망의 대상을 찾으려는 치열한 자아 성찰과 그 대상을 향해 나아가려는 지향의식을 ‘늙은 잠자리’라는 알레고리적 이미지로 보여 준다.

시 「아직은」에서 시인은 희미해서 단정하지 않은 젊은 날을 회상하며 두고 온 공간에 머물고 싶다고 한다. 그 길목에서 옹달샘을 만들어 오가는 지친 이들의 갈증을 적셔 주고 아직은 섧지 않은 마음으로 새벽을 깨우며 새로운 하루가 시작되리라 믿고 기다리겠다고 한다. 그렇게 시인은 자기 내면에 밀쳐 둔 진정한 생명력을 찾아 이웃과 나누고 싶어 한다. 즉 비록 슬픔의 비가 내리는 거리에서 방황하지만 나약함을 감추고 “소박해서 진실한” 새로운 삶의 길을 찾아가고 싶다는 것이다. 시 「반추」에서 시인은 지나간 시간을 반추해 보며 “작은 가시 하나”, 그 지워지지 않는 정신적 외상에 고통을 당한다. 아픈 기억을 잊지 못한 채 힘든 하루를 보내고 나면 허무에 젖기도 한다. 그 고통의 고삐를 풀고 나와 갈 곳을 찾느라 두리번거리다가 물 한 사발을 들이키듯 “흘러간 세월”에 남아 있는 아픔마저 비우는 것이다.

제2부에서는 소제목 그대로 “멀어지는 풍경”을 되돌아보며 그 이면에 숨은 가치를 천착하여  보여 준다. 타자의 욕망을 내 것인 양 좇아 살다보면 자기의 진정한 욕망을 현현하지 못하고

참된 가치를 외면하기 쉽다. 더구나 빠르게 변화하는 사회의 문화적 풍조는 버리지 말아야 할 것까지 버려두고 눈앞의 것들을 향해 질주하게 한다. 최 시인은 속도를 더해가는 대열을 벗어나 버리고 떠나온 것들을 돌아보며 그 속에 숨은 빛을 찾는다.

「멀어지는 풍경 1」에서 아이들의 웃음이 가득하고 그들의 동심처럼 밝은 개나리꽃이 담장에 피는 이른 봄에 목련꽃이 등불을 밝히는 골목길은 도시화의 물결에 사라지고 말았다. 팔순 아버지가 바람과 햇살을 이끌고 느리게 페달을 밟아 달리던 자전거는 주인을 잃고 녹슬어 간다. 오일장에 왁자지껄 붐비던 장꾼들과 어머니 손을 잡고 설렘을 안고 장 나들이 가던 날 먼 시골길은 추억이 되고 말았다. "푸르른 날"의 어머니 비단 치맛자락을 스쳐가는 바람의 속삭임도 이제 들리지 않는다. 그 시인은 모든 풍경을 다시 그려 보며 밝고 아름다운 세계에 대한 욕망을 보여 준다.

「멀어지는 풍경 2」에서는 봄날 텃밭에 초록빛 희망의 씨앗을 심어놓고 "인연"을 기다린다.  아직도 "푸른 영혼"은 "해 저무는 언덕에서 허탈하게 웃고 있지만" 그리움을 지울 수 없어 '인연'의 "멀어지는 발자국을 따라"간다. 그리고 아득한 인연과의 약속을 다독거리며 만남을 기다려 본다. 시 「멀어지는 풍경 3」에서 시인은 이미 이승을 떠난 아버지에 대한 기억을 떠올린다. 문화탐방 길에 따라나섰다가 아버지가 운명할지 모른다는 소식을 듣고 돌아가지 못하고 하루만이라도 더 살아계시기를 빌었다. 그리고 이튿날 돌아와서 잠시 아버지가 마지막으로 전해

주는 온기를 느낄 수 있었다. 훗날 다시 땅끝 마을에 가서 무화과를 보면서 "애타게 마음 졸이던 그 기억"을 회상한다. 그렇게 자기 존재의 기원이요 사회 속으로 진입하도록 도와 준 최초의 안내자인 아버지를 그리는 것은 자아를 새롭게 정립하고 진정한 욕망의 주체가 되려는 무의식적 노력일 것이다.

시 「바람을 만나다」에서 더위에 지친 화자는 "살갗을 간질"이는 바람을 감지한다. 그 "푸른 바람"은 현실적 공간에서 떨어진 산에서 계곡을 거쳐 와 화자의 "열정"을 다시 불러일으켜 다시 "청춘의 길을 더듬고" 싶도록 한다. 그 바람은 곧 밀쳐 둔 고유한 욕망을 다시 찾아 고유한 주체로 살도록 하는 내면의 부름일 것이다. 시 「흑장미」에서 시인은 "달콤한 향기를 맡고서야" 비로소 흑장미를 알았다고 고백한다. 그리고 날 세운 가시 때문에 접근을 못한 채 머뭇거리기도 했으나 "불타오르는 아름다움에" 곁을 떠나지 못한다는 것이다. 그리고 그 하나뿐인 "청춘에 실연한 검붉은 가슴"은 새벽이 오기 전 지고 말 것이라며 아쉬워한다.

이처럼 시인은 급히 시간의 흐름을 따르느라 뒤에 두고 온 순수하고 아름다운 대상을 회상하며 그것에 대한 사랑을 보여 준다. 그것은 타자의 욕망이 얽혀 있는 일상을 보내는 중에 내면 깊이 밀쳐 둔 자기 고유한 욕망의 실체와 만나 진정한 주체가 되려는 무의식적 노력일 것이다. 다음 시에서 역시 그러한 단면을 엿보게 한다.

잡아 주지 않아서
다가서지 못해서
머뭇거리는 일에
많은 날이 흐르고
가로지르는 횡단보도에서
빨간불을 만나는 이 나이

-「배웅」 일부

"여러 해 봄날이 스쳐 갔지"만 아직도 화자의 가슴에 지워지지 않고 남아 있는 "목련꽃"은 누구를 대신할까. 그 꽃은 자기를 잡아 주지 않아서 다가가지 못하고 머뭇거리며 바라만 보던 어느 순결하고 아름다운 이의 모습이다. 그런데 이미 화자는 횡단보도를 건너려다 "빨간불을 만나" 정지한 차 안에서 그를 향한 사랑의 욕망을 억눌러야 하는 나이에 이르렀다. 화자는 그가 들려주던 "시가 되고 노래가 될 수 있으리라던 무수한 밀어"를 다시 기억해 본다. 그러나 이미 세월의 바람에 떠밀려 "행선지도 지워진 차"에 올라 정처 없이 달려 온 것이다. 그래서 아직도 반대 방향으로 떠나가는 차에 오르던 그 "허물어진 이름"을 "배웅"하고 있다. 시인은 현실에서 이루지 못하고 내면 깊이 밀쳐 둔 사랑의 욕망을 찾고 그 실체를 '목련꽃'으로 형상화하여 보여 준다.

시 「달팽이」 역시 이루지 못한 사랑의 욕망을 보여 주고 있다. 앞의 시에서는 주체가 머뭇거리고 다가서지 못했으나 이 시에서는 대상인 "달팽이"가 "움츠려 숨어드는" 습성 때문에 그

"모호한 상태에서" 주체는 그 곁에 머물 수 없었다. 화자는 "간절한 소통"을 바라고 안부라도 묻고 싶으나 그 희망도 내려놓는다. 시 「해바라기」에서 "꽃잎 속에 까맣게 익은 씨알"을 먹는 게 행복이라서 주머니에 넣고 다니며 "비타민처럼" 먹기도 했다. 그런데 장마에 젖어 있는 걸 바라보며 기다리면서 그 "고소한 의미"를 향한 간절함에 화자도 해바라기가 된 것이다. 그렇게 '쾌락의 원리'에 의해 발동하는 욕망은 반복으로 길들여지며 더 많은 쾌락을  욕망하는 것이다.

다음 시에서 시인은 '능소화'의 생태를 묘사하며 "진실"을 향한 욕망 또는 지향의식을 보여 준다.

정도에서 벗어나
어디까지가 윤리인지
눈감아도 낯선
새로운 도전

용기를 끌어와
울타리를 넘나들며
식지 않은 여름을 품고
진실을 찾아서
어지러워도 기어오른다

-「능소화」 일부

"먼 곳을 향하여" 넝쿨을 뻗어가는 능소화는 정도를 벗어난다. 즉 자신을 구속하는 윤리마저 눈감고 "울타리를 넘나들며" 자라는 것이다 그렇게 "낯선/ 새로운 도전"을 하는 능소화는 "진실"을 향한 시인의 욕망을 대신한다. 그것은 곧 대상의 '실재'를 천착하기 위해 여름날처럼 뜨거운 열정을 품고 '낯설게 하기'를 시도하는 시인의 시 쓰기를 연상케 한다.

시 「여름날의 외출」에서 호의주의보가 내렸는데도 달려온 그대를 아직은 아름다운 "꽃"이라 명명한다. 그리고 육지와 섬을 넘나들어 마음이 홀가분한데 파랗고 작은 섬 석모도가 "너와 나의 영혼을 부른다". 그 섬에 있는 "비구름에 가려진/ 고갈된 열정의 흔적들"이 공허해진 마음을 채워 주리라 믿는다. 그렇게 육지로부터 떨어진 섬을 찾는 것은 곧 그대와의 순수한 "인연의 가치"를 추구하려는 실존의식과 다름이 없다.

시 「괜찮은 가을」에서 시인은 단풍이 물들고 그것이 낙엽이 되어 떨어진 것을 밟는 가을을 즐겁게 맞이한다. 화자가 그냥 조용히 기다리고 있는 것을 "모르는 척 태연하더니" 가을은 희망의 "봄을 부르고" "홍시 되어" 다가온 것이다. 그 풍요로운 만추에 "누군가의 그림자"가 멀리 갈 듯 하다가 다가와 사랑을 일러 준다. 시인이 그렇게 가을을 맞이하여 잊은 누군가의 사랑을 다시 느끼는 것은 단풍이나 홍시 등의 붉은 빛깔이 그의 모습을 연상하게 했기 때문일 것이다. 그리고 시 「부메랑」에서 화자는 아름다운 국화 향기가 지천으로 피었다가 지워져 버리는 일몰의 순간을 보며 여전히 마음을 아파한다. 행복했던 날에도 여전히 마음에 "메꿀 수 없는 틈", 그 빈자리를 다 채우기 위해 기다려야 한다. 그런 화자 앞에 "부메랑"처럼 돌아와 "저만치 서 있는 허상"을 보는 것은 착각일지도 모르기 때문이다. 인간은 내면에 늘 빈자리가 남아 있어서 그곳에서 끝없이 새로운 대상을 향한 욕망을 발동하는 부조리한 존재가 아닌가.

이처럼 제2부에서 시인은 타자의 욕망 또는 현실의 질서에 따라 급히 살아오는 동안 소외되어 있던 자기 고유한 욕망을 찾는다. 그것은 참된 욕망의 주체가 되어 현실에 진입하려는 무의식적 노력으로서 시인이 욕망하는 대상은 순수한 사랑 또는 더 참된 가치 등이다. 또한 그것은 퇴락한 일상에 몰입해 있던 자기를 본래적 삶의 주체로 돌려놓으려는 실존론적 성찰일 것이다.

제3부에서 시인은 흐르는 시간을 감지하며 자신의 존재를 성찰하거나 일상을 벗어나 낯선 곳을 찾아 여행을 하면서 깨달은 삶의 의미를 형상화해서 보여 준다. 그리고 특히 많은 꽃의 이미지를 통하여 자연의 이면에 내재된 생명의 질서를 찾으며 이에 비추어 본 자신의 존재의미를 보여 준다.

> 벚꽃과 낙엽은 아주 먼 거리였을까
>
> 한순간에 나는 아득해지고 있다
> 갑자기 내 몸이 아파진다

처음부터 꽃 날이 아니듯이
안개 속을 걷는 것이라서
오늘만큼은 아픈 소식을 몰라라 하자

다시 올 봄을 기다리며

-「벚나무 아래서」 일부

낙엽을 밟고 걸으며 벚꽃이 피던 봄날과 그 이파리가 곱게 물들던 엊그제 사이에 흘러간 시간의 거리를 생각해 본다. 그렇게 자연물의 변화를 보며 보이지 않는 시간의 흐름을 의식한다는 것은 곧 '세계-내'에 던져진 존재인 자기의 존재의미를 돌아본다는 것이다. 인간은 이미 행한 일을 돌아보고 장래에 다가올 일들도 미리 앞질러 가보며 그것을 인수하여 현재에 처한 상황을 판단하고 대처하는 의식 또는 상상력을 가진 '시간성'의 존재가 아닌가. 화자는 "벚꽃과 낙엽의 아주 먼 거리"를 의식하는 순간에 "아득해지고" "몸이 아파"지는 걸 감지한다. 시간의 빠른 흐름을 감지하며 자기 존재에 대한 불안 때문일 것이다. 그러나 화자는 산다는 것은 가야 할 길이 잘 보이지 않는 "안개 속을 걷는 것"임을 의식하며 다시 꽃이 피어날 봄을 기다린다.

시 「소요산」에서 시인은 벚꽃 마중하러 가는 상춘객들과 함께 "무한경 푸름 속"을 거닌다. 그 계곡에서 천년 전 "원효와 요석의 사랑 이야기"를 다시 듣기도 한다. 그리고 "단풍 꽃 필 때" 소요산 자락은 낙원으로 변하여 "고향 언저리"에 온 듯 낭만에 젖게 한다. 또한 청량폭포와 불경소리가 “천상의 화음”을 이루며 바람이 되고 노래가 된다. 이처럼 현실적인 삶의 공간을 벗어난 “소요산”은 지난날과 오늘, 천상과 지상의 벽이 무너지는 낙원이요 고향과 다름이 없다. 그곳에서 시인은 일상을 벗어나 내면 깊이 잠재된 참된 자아를 찾고 “유유자적” 하는 나그네가 되는 것이다.

시 「겨울 산행」에서 시인은 겨울 어느 날 산에 오르다 친구가 막걸리를 마시고 청춘으로 돌아가 어릴 적 이야기를 하는 걸 듣는다. 일상적 공간을 떠나 술을 마심으로써 그의 의식은 현실의 굴레를 벗어나 “동심의 언저리”로 돌아간 것이다. 술은 타락과 성스러움이라는 대립적인 의미를 동시에 내포한 상징인데 그가 마신 ‘막걸리’는 일상을 떠나 순수한 동심의 세계로 돌아가게 하는 매개적 작용을 한다. “겉으로 남루한 자작나무”는 곧 시인과 친구를 대신하며 “순수”를 지향하는 자신들의 내면을 보여준다. 겨우내 놓치지 않기를 바라는 “물줄기”는 그들이 일상적 현실에서 소외되어 있던 순수하고 고유한 욕망이요 파란 봄을 보여 줄 생명력의 실체다.

시 「상춘객」에서 시인은 꽃길을 걸으며 “꽃잎에 새겨진 이름”에 내재되어 있던 그 순수한 욕망과 생명력이 비로소 “파랗게 살아나는” 것을 본다. 그리고 시 「수영」에서 화자는 반나체로 물속에 들어가 “부드러운 애무에 황홀했”던 이전의 순간을 떠올린다. 그러나 “무언의 약속”을 믿고 희망을 품고 시도한 자맥질로 받은 “절망의 상처”가 오래 남아 있다. 화자는 행복했던 그 시절에 대한 미련을 가진 채 사랑의 욕망을 충족시켜 주던 대상을 떠난다. 그렇게 욕망의 대상은 황홀함감을 주기도 하고 상처를 남기기도 하지만 더 큰 쾌락을 추구하기 위해 늘 새로운 대상을 찾는 게 욕망하는 존재인 인간이다.

시인은 달맞이꽃, 연꽃, 아카시아, 주름 꽃, 겨울 꽃, 망초꽃 등 여러 꽃들을 제목으로 시를 썼다. 꽃은 식물의 줄기나 가지 끝에 피는 것으로 그 내부에 있는 보이지 않는 생명력의 집합체이다. 꽃잎에 가려진 꽃술에서 가루받이가 이루어지면 씨앗을 맺어 종족을 번식한다. 그러한 꽃의 아름다움과 생태적 특성은 시인들에게 다양한 상상을 불러일으키며 시를 쓰게 하는 소재가 되었다. 시인 역시 다양한 꽃에 욕망이나 정서를 투사하여 보여 주고 있다.

시 「달맞이꽃」에서 의인화된 '달맞이꽃'은 저녁이 되면 단장을 하고 누군가를 그리워하며 피어난다. 언제나 달과 별이 뜨고 별똥별이 올지도 모른다는 믿음으로 "어둠을 더듬으며" 꽃을 피우는 것이다. 그런 달맞이꽃은 달과 별이 상징하는 더 영원한 가치를 향한 시인의 욕망을 대신 보여 준다. 시 「연꽃」에서 연꽃은 "열아홉의 처녀"에 비유된다. 수줍고 순결한 모습으로 숱한 사랑의 시선을 받으며 피었다 지기를 반복하며 "옹골차게 씨알을 채우고" "거룩한 자태"를 갖춘 것이다. 그래서 "열아홉을 잊으며 살"아도 후회가 없으리라고 한다. 시 「아카시아」에서 시인은 아카시아 꽃에서 "하얀 꽃 무더기"를 건져내던 옛 시절을 그리워하면서 "섞이고 오염된 바람의 항변"에 침묵으로 답하는 죄 지은 자의 모습을 본다.

한편 시 「주름 꽃」에서 시인은 삶의 우여곡절을 겪는 중에 생겨나서 굵어진 '주름'마저 꽃이라 여긴다. 웃고 아파하며 걸어온 인생길처럼 "사선인 듯 곡선인 듯" 주름이 늘어난 것이다. 그것은 "살아 온 증표"요 힘들게 지켜온 "세월과의 약속"이요 삶을 지탱해 온 "생명의 질긴 끈"이다. 생명체인 인간이 따라야 하는 자연의 섭리요 생육과 소멸의 질서에 의해 생긴 주름을 시간의 하수로서 피우는 "꽃도 아닌" 꽃이라 여기는 것이다. 그렇게 시인은 "부끄러운 줄 모르고" 펼쳐놓아야 하는 '주름'에서 인간의 생명에 대한 욕망과 삶의 환희와 애환을 읽는다.

한편 시 「겨울 꽃」에서 시인은 집들이 선물로 사다 준 "스파트필림"을 거실에 놓아두고 그 "파란색"을 꽃이라 여긴다.

질리지 않게
눈길 사로잡는 탐스런 풀꽃
그로 인해 청산을 앉히고
밖에서 망설이는
겨울 햇살을 끌어들인다

－「겨울 꽃」 일부

우연히 들여놓게 된 '스파트필름'에서 "유난히 빛나는 푸름"을 보고 거실의 공기를 정화해 주는 "상큼한 풋내"를 맡는다. 인간은 모든 사물을 먼저 욕망의 대상으로 여긴다고 한다. 그

말을 참고하면 내면을 정화하고 푸른빛이 상징하는 희망과 평화를 잃지 않으려는 시인의 내면을 엿보게 한다. 나아가 시인의 예리한 감각은 그 "탐스런 풀꽃"이 "청산을 앉히고" "겨울 햇살을 끌어들"이는 것을 발견한다.

뿐만 아니라 시 「망초꽃」에서 시인은 "민통선 어느 검문소 앞"에 핀 '망초꽃'을 보며 6.25전쟁 중에 산화해 간 "젊은 전사의 넋"을 읽는다. 그리고 그가 그리워할 "처연한 연인"을 생각해 본다. 그리고 그 겨울 들판에서 가끔씩 들려오는 포 소리를 들으며 분단된 조국의 아픈 현실을 감지하는 것이다. 그리고 시 「박물관에 오시다」에서 '자유수호박물관'에 들러 전쟁 중에 "이름도 모습도 지워진 그리운 전우"를 상상 속에서 되살려 본다. 적진으로 뛰어들어 조국을 위해 희생을 감내한 "푸른 청춘"에 경의를 표하며 마중하는 것이다. 그리고 시 「4月의 진통」에서는 4.19 민주성지에서 자유를 열망하다 피를 흘리며 숨져 간 "붉은 꽃"들이 "60여 년 침묵의 열병을 앓고 있"는 걸 본다. 이처럼 시인의 역사적 상상력은 한 송이 꽃이나 역사적 공간에서 민족과 국가의 역사를 의식하며 그 아픔을 형상화하여 보여 준다.

제4부에서는 소제목에 나온 대로 주로 "가출"하여 해외 여러 나라의 명승지나 문화유적을 답사한 체험을 시화하고 있다. 시 「5월의 가출」에서 시인은 청보리 물결을 치게 하던 싱그러운 바람의 유혹에 이끌려 일상을 떠나 고향 빨래터나 과수원에

만발한 복숭아꽃을 찾아 나선다. 그 바람은 일상 중에 억눌려 있던 참된 욕망을 만나게 하는 촉매로서 시인의 발걸음을 멀고 낯선 이국으로까지 이끈다. 알프스 융프라우, 구채구, 프라하, 크로아티아, 오스트리아, 부다페스트, 코타키나발루 등 그 지명만 봐도 가슴이 설레는 곳들이다.

시인의 눈에 비친 현실 풍경은 상상의 도가니에 들어가며 시인의 욕망에 따라 선택되고 배열되어 제2의 현실로 거듭난다. 시인은 시 「알프스 융푸라우」에서 "유럽의 지붕 융푸라우"에 있는 작은 나라 스위스를 꼭 가봐야 할 여행지로 추천하기도 한다. 그리고 시 「구체구」에서 "티베트 문화에 젖"어 보고 그곳 "상상의 사계를 탐닉하다"가 오히려 "자기의 동네 벗꽃"을 그리워한다. 그리고 시 「프라하의 석양」에서 분지 저편에 펼쳐진 바다의 수평선 너머로 "태양이 사라지며 남긴 위력"에 경이로움을 느낀다. 그리고 공산국가에서 자유민주주의 국가가 된 체코는 많은 문화유산을 간직하고 있다는 걸 알린다.

그리고 시 「크로아티아」에서 시인은 "세계대전에 폐허가 될 뻔한 마을"인 크로아티아에서 폴리비체 호수공원의 아름다운 자연을 감상한다. 영화 '아바타'를 촬영하기도 한 그곳에서 "인간과 판도라의 러브스토리"를 떠올리기도 한다. 그렇게 마을의 풍광과 역사 또는 거기 얽힌 문화적 가치들이 어울려 시를 이루고 있다. 그리고 시 「부다페스트」에서는 헝가리 정치의 본산이 부다페스트에서 다뉴브 강을 감상하기도 하고 그 야경을 보며 자유를 향한 국민들의 꿈을 발견하기도 한다. 시 「개똥벌레-

코타키나발루」에서는 말레시아의 보르네오 섬 코타키나발루에 있는 어느 강가에서 여행객을 기다리던 "개똥벌레"를 본다. 그리고 그 이국의 풍경을 감상하다가 고향의 여름을 회상하기도 한다.

우리나라의 역대 외국기행 문학의 역사를 돌아보면 문인이요 선각적 사상가였던 이들이 외국 문화를 체험한 내용을 발표하여 국내에 큰 반향을 일으켰다, 예를 들면 조선 정조 시대에 실학자 연암 박지원이 청나라에 '진하사절단'으로 가서 연경과 열하를 보고 와서 쓴 '열하일기'는 앞서 가던 청나라의 문물을 소개하는 데 큰 역할을 했다. 그리고 근대 최초의 일본과 미국 유학생인 유길준의 '서유견문록'은 서양 문명을 소개하며 그의 개화사상을 피력한 일종의 기행문이다. 최 시인의 여러 기행시들도 그 맥을 이으며 외국 문화의 유입에 일조를 하리라고 본다.

그렇게 국내외 여러 명승지를 여행한 시인은 시 「천천히 사는 법」에서 동네 돌담을 들이받는 교통사고를 겪고 "토끼와 거북이 경주"를 소개하며 때 늦은 후회를 한다. 그리고 "오가는 길에 쉼표를 만들자"고 제안하며 "천천히 하고 친해야겠다"고 고백한다. 그리고 시 「인적이 뜸한 곳」에서 시인은 소요산 능선을 오르다가 문학회원들 작품을 전시해 놓았다는 산림욕장을 물어서 찾아갔다. 거기서 관리소홀로 썩은 채 땅에 떨어져 있는 작품들을 보고 담당자들을 원망하기도 한다. 방치된 채 썩어 가는 작품은 문학의 현주소를 전형적으로 보여 주는지도 모른다.

한편 다음 시에서 '개'를 통하여 현대인들이 어떻게 개인의 고유한 욕망을 억압당한 채 살고 있는가를 풍자적으로 보여준다.

꿈이 현실이 아닌 것처럼
눈치껏 살아야 하는데
괜한 고집부리다가
발 동동이 무슨 소용이랴
싫어도 좋은 척
맨바닥에 엎드려 꼬리를 흔들어라

–「갑질에 대하여」 일부

주인이 바뀐 줄도 모르고 여러 날을 짖어대던 개가 매를 맞는 걸 본다. 먹이를 넣어 주어도 대문을 들락거리는 새 주인이 낯설고 두렵기 때문에 짖는 개를 보자 주인은 화가 난 것이다. 그 개는 이전 주인에게 먹이를 얻어먹기 위해서 야생적 본능을 버리고 눈치를 보며 순종했을 것이다. 그런 개는 곧 사회 문화에 순응해서 살기 위해 자기 고유한 욕망을 버리고 사회적 질서와 규칙을 살피며 살아야 하는 현대인의 모습이나 다름이 없다. 그런데 이전 주인의 욕망에 길들여진 개는 이제 새로운 현실의 질서에 편입되어 '눈치껏 살아야 하는데' 그러지 못하고 있는 것이다.

그 개는 타자의 욕망을 자기의 욕망으로 삼아 살아가는 인간의 모순을 엿보게 한다. 주인이 바뀌었으니 '꿈', 즉 욕망도 새 주인의 욕망에 따라 바뀌어야 하는데 그러지 못하고 폭력적인 억압을 받는 것이다. 그런 개에게 '꼬리를 흔들어라'라는 시인의 역설적인 권유는 타자의 욕망을 내 것처럼 여기며 살아야 하는 인간의 비극적 현실을 더욱 비극적으로 느끼게 하는 아이러니이다. 그렇게 개를 통하여 보여 주는 알레고리는 왜 시인이 일상을 떠나 낯선 풍경을 찾아 가는지, 그 내적 의도를 짐작하게 한다. 시인의 여행은 개의 주인과 같은 타자의 시선으로부터 벗어나 참된 자아의 꿈을 현실로 바꾸기 위한 탐색일 것이다.

최수경 시인은 낮고 외진 곳에 터를 잡은 풀잎이 천상의 빛을 향해 자라듯 겸손한 자세로 더 밝고 영원한 가치를 향한 욕망으로 시를 쓴다. 멀어지는 풍경 속에 숨은 빛을 찾으려는 것은 타자의 욕망을 좇아 살아야 하던 현실을 벗어나 자기 고유한 욕망을 찾고 참된 주체가 되려는 무의식적 노력이다. 그 고유한 욕망의 실체는 꽃의 이미지로 형상화되기도 하는데 최 시인이 욕망하는 대상은 늘 순결한 사랑 또는 진실한 생명력이다. 최 시인이 일상을 벗어나 낯선 풍경을 찾아 떠나는 것은 곧 자아를 성찰하고 참된 가치를 찾으려는 지향의식 때문이다.

시집에서 일관적으로 흐르는 순결한 사랑 또는 욕망과 진실에 대한 지향성은 욕망을 억압하고 길들이는 현실을 일탈하여 두고 온 풍경이나 새로운 낯선 풍경을 찾게 한다. 이처럼 치열한 자아성찰로 빚은 시편들이 타자의 욕망에 사슬처럼 묶여 진정한 ‘나’가 아닌 위장된 ‘나’의 얼굴로 살아가기 쉬운 현대인들에게 큰 충격을 주리라 믿는다. 때로는 자신을 되돌아보며 자기의 참된 모습을 만나 고유한 주체로 살아갈 힘을 주고 자유를 누리게 할 것이다.